BEI GRIN MACHT SICH IHR
WISSEN BEZAHLT

Bibliografische Information der Deutschen Nationalbibliothek:

Die Deutsche Bibliothek verzeichnet diese Publikation in der Deutschen National-bibliografie; detaillierte bibliografische Daten sind im Internet über http://dnb.d-nb.de/ abrufbar.

Dieses Werk sowie alle darin enthaltenen einzelnen Beiträge und Abbildungen sind urheberrechtlich geschützt. Jede Verwertung, die nicht ausdrücklich vom Urheberrechtsschutz zugelassen ist, bedarf der vorherigen Zustimmung des Verlages. Das gilt insbesondere für Vervielfältigungen, Bearbeitungen, Übersetzungen, Mikroverfilmungen, Auswertungen durch Datenbanken und für die Einspeicherung und Verarbeitung in elektronische Systeme. Alle Rechte, auch die des auszugsweisen Nachdrucks, der fotomechanischen Wiedergabe (einschließlich Mikrokopie) sowie der Auswertung durch Datenbanken oder ähnliche Einrichtungen, vorbehalten.

Impressum:

Copyright © 2008 GRIN Verlag, Open Publishing GmbH
Druck und Bindung: Books on Demand GmbH, Norderstedt Germany
ISBN: 9783640462025

Dieses Buch bei GRIN:

http://www.grin.com/de/e-book/137969/der-einfluss-des-tv-konsums-auf-adipositas

Ingrid Haase

Der Einfluss des TV-Konsums auf Adipositas

Eine Hausarbeit zu den Auswirkungen des zunehmenden Fernsehkonsums auf das Gewicht

GRIN Verlag

GRIN - Your knowledge has value

Der GRIN Verlag publiziert seit 1998 wissenschaftliche Arbeiten von Studenten, Hochschullehrern und anderen Akademikern als eBook und gedrucktes Buch. Die Verlagswebsite www.grin.com ist die ideale Plattform zur Veröffentlichung von Hausarbeiten, Abschlussarbeiten, wissenschaftlichen Aufsätzen, Dissertationen und Fachbüchern.

Besuchen Sie uns im Internet:

http://www.grin.com/

http://www.facebook.com/grincom

http://www.twitter.com/grin_com

Ausarbeitung zum Referat:

Der Einfluss des TV – Konsums auf Adipositas

Gliederung

Einleitung

Die Frage welche Faktoren Adipositas begünstigen wird kontrovers diskutiert. Als Risikofaktoren gelten: Leben in der sozialen Unterschicht, Stress, psychische Befindlichkeit, das Modell der Eltern, die Peergroup und das Fernsehen.

Faktisch entsteht Adipositas, wenn die Energiezufuhr über einen längeren Zeitraum höher ist als der Verbrauch und wenn diese überschüssige Energie als Fettreserve im Körper gespeichert wird. Einige Faktoren, wie das Aktivitätsniveau, Kalorien- und Fettzufuhr können beeinflusst werden, andere, wie genetische Faktoren, Schichtzugehörigkeit oder Modell der Eltern, sind nicht modifizierbar.

Es ist sehr wahrscheinlich, dass weitere Faktoren Einfluss nehmen. So ist beispielsweise zu erwarten, dass sekundäre Faktoren die Menge der Nahrung oder die Bewegungshäufigkeit und -intensität beeinflussen. Einer dieser viel diskutierten Faktoren ist der TV-Konsum. TV Konsum und die Beschäftigung mit elektronischen Medien hat in den letzten 10 bis 20 Jahren deutlich zugenommen. Kinder sehen immer mehr fern, spielen mit der Spielkonsole oder am Computer und bewegen sich weniger. Es liegt die Vermutung nahe, dass die Beschäftigung mit Fernsehen, Videospielen und dem PC andere, bewegungsintensivere Freizeitaktivitäten verdrängen. Durch die mangelnde Bewegung könnte es vermehrt zu Übergewicht bei Kindern kommen. Tatsächlich beobachtet man in den letzten Jahren eine erschreckende Zunahme von Übergewicht und von durch Übergewicht bedingten Erkrankungen.

Es stellen sich einige Fragen:

- Verringert sich Übergewicht durch weniger TV-Konsum?
- Welche Einfluss hat der TV - Konsum auf das Essverhalten?
- Welchen Einfluss hat der TV - Konsum auf die körperliche Aktivität?
- Welche Einflüsse hat die familiäre Umwelt auf TV-Konsum und Aktivität als Risikofaktoren für Adipositas?

Die folgende Ausarbeitung soll diese Fragen anhand der Ergebnisse einiger Studien zum Einfluss von TV-Konsum beantworten. Es wird auf verschiedene Faktoren eingegangen die mit den Einfluss des TV-Konsums moderieren können, wie Nahrungsaufnahme beim Fernsehen, vermehrt sitzende Tätigkeiten und das „Fernsehmodell der Eltern".

1. Allgemeines zur Nutzung elektronischer Medien

Der Fernsehkonsum als Risikofaktor ist relativ gut untersucht.

Diez + Gortmaker (1985, in Hiller, Leibing, Leichsenring & Sulz, 2006) zeigten prospektiv, dass 30% der Kinder die als sechsjährige mehr als fünf Stunden pro Tag fernsahen, sechs Jahre später adipös waren. In der Gruppe mit max. einer Stunde Fernsehen pro Tag wurden nur 15% adipös.

Fernsehen macht einen immer größeren Anteil in der Freizeitbeschäftigung von Kindern und Jugendlichen aus. Die gesundheitliche Folgen intensiver Mediennutzung sind umstritten. Es werden psychosomatische Beschwerden, entwicklungspsychologische Probleme und Verhaltensauffälligkeiten (z.b. als Folge von Gewaltdarstellungen) und durch mangelnde Bewegung verursachte Gesundheitsprobleme diskutiert.

Um zu untersuchen wie häufig elektronische Medien in deutschen Haushalten von Jugendlichen genutzt werden, wurde das Kinder- und Jugendgesundheitssurvey (KiGGS) angeregt. Diese Befragung hatte das Ziel zu erfassen in welchem Umfang sich Jugendliche mit TV, Video, Spielkonsole oder Handy beschäftigen und ob dies in Konkurrenz zu sportlicher Aktivität steht (Lampert, Sygusch, Schlack, 2007)

In die Untersuchung wurden 17.641 Kinder und Jugendliche einbezogen. Sie sollten angeben wie lange sie sich durchschnittlich pro Tag mit Fernsehen/Video, Musik hören, Computer/ Internet, Spielkonsole und Handy beschäftigen. Außerdem wurde erfasst wie häufig sie in ihrer Freizeit körperlich so aktiv sind, dass sie richtig ins Schwitzen oder außer Atem kommen. Als inaktiv wurden die Probanden angesehen die weniger als einmal pro Woche aktiv waren. Übergewicht oder Adipositas wurden anhand des BMI bestimmt.

Das KiGGS ergab, dass dreiviertel der Jugendlichen mehr als eine Stunde, und ein Viertel mehr als drei Stunden pro Tag Fern- oder Video sahen. Jungen aus Familien mit niedrigem Sozialstatus oder mit Migrationshintergrund nutzten das Fernsehen und die Spielkonsole stärker als andere Jungen. Gymnasiasten nutzten elektronische Medien in geringerem Umfang als Haupt-, Real- und Gesamtschüler. 10% der Jungen zwischen 11 und 17 Jahren und 21% der Mädchen waren inaktiv (Lampert et al., 2007).

Je höher TV-Konsum der Kinder und Jungendlichen, umso höher war der Anteil sportlich Inaktiver – das heißt, Mediennutzung geht ab einem bestimmten Zeitumfang mit Inaktivität einher. Außerdem ergaben sich signifikant positive Korrelationen zwischen dem TV-Konsum und Adipositas. Je mehr TV-Konsum umso höher war der Anteil adipöser Jugendlicher (Lampert et al., 2007)

2. Verringerung von Übergewicht durch weniger TV – Konsum

Die meisten bisherigen Präventionsprogramme erwiesen sich als ineffektiv um den Körperfettanteil zu verringern. Es werden zwei Mechanismen vermutet, die den TV – Konsum zum Risikofaktor für Adipositas machen.

a) durch weniger körperliche Aktivität verringert sich der Energieverbrauch

b) durch Essen beim Fernsehen wird mehr Energie aufgenommen

Um zu überprüfen, ob Übergewicht durch weniger TV-Konsum verringert werden kann, untersuchte Robinson (1999) Kinder der dritten und vierten Klasse. Sie wurden zufällig einer Interventions- und Kontrollgruppe zugeordnet. Die Interventionsgruppe nahm an einem Programm zur Verringerung des TV–Konsums teil.

Ziel der Studie war es den Konsum von TV, Video-, und Videospielen einzuschränken um zu untersuchen ob sich dadurch Veränderungen bezüglich der körperlichen Aktivität und der Nahrungsaufnahme zeigen – und somit Effekte auf Adipositas. Es wurde hypothetisiert, dass verglichen mit Kontrollprobanden das Level der Adipositas bei Kindern der Interventionsgruppe zurückgeht (Robinson, 1999).

2.1 Methoden

Das Interventionsdesign musste dazu taugen, den Medienkonsum zu verringern ohne andere Faktoren direkt zu beeinflussen, d.h. ohne zusätzlich zu mehr körperlicher Aktivität aufzufordern. Die Intervention wurde in 18 Unterrichtsstunden (á 30-50 Minuten) im regulären Stundenplan durchgeführt – jeweils mit den Klassenlehrern, die zur Durchführung trainiert wurden.

Die ersten Stunden bezogen in erster Linie Selbst-Beobachtung bezüglich des Medienkonsums ein um die Kinder zu motivieren, weniger Zeit vor dem Fernseher zu verbringen. Dann folgten Stunden, in denen die Kinder aufgefordert wurden zehn Tage lang keine Filme im Fernsehen oder auf Video zu sehen oder Videospiele zu spielen. Nach diesen zehn Tagen vollkommener „Fernsehabstinenz" bekamen sie ein Budget von sieben Stunden Fernsehen, das sie sich auf eine Woche aufteilen konnten. Weitere Stunden wurden genutzt um die Kinder zu „intelligenten Zuschauern" zu machen. In der letzten Stunde bekamen die Kinder Auszeichnungen für ihren verringerten Medienkonsum

Die Eltern wurden zum Beginn und nach der Intervention am Telefon zu den Ess- und Fernsehgewohnheiten ihrer Kinder interviewt. Jeder teilnehmende Haushalt erhielt einen elektronischen Fernseh-Zeit-Manager und die Eltern bekamen Newsletter um ihren Kindern helfen zu können im Zeit-Budget zu bleiben.

Die Kinder schrieben Selbst-Berichte zu ihrem TV Konsum an Wochentagen und am Wochenende. Sie mussten auch angeben, wie viel sie außerhalb der Schule körperlich aktiv waren (Aktivitätscheckliste). Weiterhin wurden Essenspläne abgegeben und die Probanden mussten aufschreiben, wie oft sie ihre Mahlzeiten vor dem Fernseher einnahmen. Körpermessungen (Körpergröße und Gewicht) fanden an zwei Terminen statt. Ein BMI über dem 95sten Perzentil galt als Indikator für Adipositas. Außerdem wurde die Hautfaltendicke am Oberarm zur Bestimmung der Körperfettmasse genutzt und der Quotient aus dem Hüft- und Taillenumfang errechnet. Die Kardiovaskuläre Fitness wurde mit dem *Maximal-Multistate-20m-Shuttle-Run-Test* (20-MST. Leger, Mercier, Gadoury & Lambert, 1988; in Robinson, 1999) erfasst.

2.2 Ergebnisse

Durch die Intervention wurde signifikant die Häufigkeit von Fernsehen vermindert, sowohl nach Berichten der Kinder, als auch laut Angaben der Eltern (Robinson, 1999). Die Interventionsgruppe (106 Kinder) reduzierte gegenüber der Kontrollgruppe (121 Kinder) alle gewichtsbezogenen Variablen. Sie reduzierten die Hautfaltendicke, Umfang und Verhältnis von Taille zu Hüfte und ihren BMI signifikant. Bei allen Messungen der Körperzusammensetzung zeigten sich Effekte der Intervention über die Verteilung der Adipositas – mit größeren Interventionseffekten bei mittelgradiger und starker Adipositas (Robinson, 1999). Außerdem nahmen Kinder aus der Interventionsgruppe weniger Mahlzeiten vor laufendem TV ein. Es zeigten sich keine Interventionseffekte bezüglich der körperlicher Aktivität und Leistungsfähigkeit (Robinson, 1999).

3. Einfluss von TV – Konsum auf das Essverhalten?

Erhöhter TV-Konsum wird im allgemeinen auch mit erhöhtem Energie-Konsum in Zusammenhang gebracht (Robinson, 2001). In Haushalten, in denen der Fernseher während des Essens läuft, konsumieren Kinder mehr rote Wurst, Pizza, Snacks und weniger Gemüse und Obst (Coon, Goldberg, Rogers & Tucker, 2001 in Matheson, Killen, Wang, Varady & Robinson, 2000). In Kinderprogrammen wird außerdem für hoch Zucker- und Fetthaltige Lebensmittel geworben.

Matheson et al. (2000) haben es sich zur Aufgabe gemacht, in einer Studie Daten zum Aktivitätsniveau und aufgenommenen Nahrungsmitteln bei Kindern zu sammeln.

3.1 Methoden

Zur Untersuchung wurden zwei Stichproben aus Schülern der dritten und fünften Klassen rekrutiert. In der ersten Stichprobe wurden Schüler der dritten Klasse zusammengefasst, die im Rahmen des Schulunterrichts an einem klinischen Versuch zur Reduktion des Fernsehkonsums teilgenommen hatten. Die zweite Stichprobe bestand aus Schülern der fünften Klasse die an einer Querschnittstudie zu Umweltfaktoren die Nahrungsaufnahme von Kindern beeinflussen teilgenommen hatten.

Die Nahrungsaufnahme der letzten 24 Stunden wurde an zwei Wochentagen und einmal am Wochenende erfasst. Eine Befragung fand persönlich statt, die anderen beiden am Telefon.

Die Mütter mussten zu allen drei Interviews Ernährungsdetails, Herstellungsmethoden und Handelsnahmen der aufgenommenen Nahrung der Kinder angeben. Weiterhin wurde zwei mal die Größe und das Gewicht der Probanden gemessen (Mittelwert in der Analyse genutzt).

3.2. Ergebnisse

Während des Fernsehens wurde häufiger gegessen als bei anderen Aktivitäten. Die Energieaufnahme war in beiden Stichproben ähnlich hoch und am Wochenende höher als in der Woche. Zwischen 16% und 28% der Gesamtenergie wurde während des Fernsehens eingenommen. Snacks wurden insgesamt meistens vorm Fernseher verzehrt (Matheson et al., 2000). In der dritten Klasse zeigte sich der Zusammenhang zwischen dem BMI und dem Fettkonsum während des Fernsehens innerhalb der Woche signifikant. Der BMI war in der zweiten Stichprobe allerdings nicht signifikant korreliert mit der Energiedichte und dem Fettkonsum (Matheson et al., 2007).

4. Einfluss des TV-Konsums auf Essverhalten, körperliche Aktivität und Übergewicht

Allgemeinärzte erkennen Übergewicht als Problem nur bei der Hälfte der übergewichtigen Kinder, die sie untersuchen. Dies zeigt sich besonders bei Kindern unter fünf Jahren und bei Kindern mit milderen Formen des Übergewichts. Außerdem erkennen auch Eltern selten das Übergewicht ihrer Kinder.

Salmon, Campbell und Crawford (2006) untersuchten, ob ein Risiko für ungesundes Essen, Inaktivität und Übergewicht durch die Erfassung der Fernsehgewohnheiten aufgezeigt werden kann.

7

4.1 Methoden

Es wurden Kinder im Alter von fünf bis sechs bzw. zehn bis zwölf Jahren untersucht. Die Eltern mussten neben den Fragebögen einige soziodemographische Angaben (Herkunft, Bildung usw.) machen.

Sie beantworteten Fragen zum Fernsehverhalten ihrer Kinder an einem typischen Schultag und am Wochenende. Die Fernsehdauer wurde berechnet und eingeteilt in weniger oder mehr als zwei Stunden pro Tag. Außerdem gaben die Eltern an, was die Kinder typischerweise in der Woche essen.

Weiterhin musste angegeben werden, wie oft die Kinder an organisiertem Sport teilnehmen und welche Sportart sie betreiben. Die körperliche Aktivität der Kinder wurde mit einem Accelerometer gemessen. Außer bei Aktivitäten im Wasser trug jedes Kind das Messgerät sieben Tage lang in der Zeit in der es wach war. Nur Kinder die das Accelerometer mindestens vier Tage lang getragen hatten, wurden in die Messung einbezogen. Größe und Gewicht der Probanden wurde außerdem gemessen.

4.2 Ergebnisse

613 Kinder zwischen fünf und sechs Jahren und 947 zwischen zehn und zwölf Jahren wurden in die Untersuchung einbezogen.

Bei den Kinder der jüngeren Stichprobe waren 23% der Jungen und Mädchen übergewichtig oder adipös, bei den Älteren waren es sogar 32% (Salmon et al., 2006)

Kinder die mehr als zwei Stunden am Tag fernsahen aßen eher ungesunde Lebensmittel und weniger Obst und sie waren seltener in Vereinssport organisiert.

Es zeigten sich keine signifikanten Zusammenhänge zwischen dem Alter, Geschlecht und den Fernsehgewohnheiten mit den Gesundheitsvariablen. Aber je mehr die Kinder fernsahen, umso weniger waren sie körperlich aktiv und fit (gemessen mit dem Accelerometer) (Salmon et al., 2006). Die Autoren folgerten daraus, die Fernsehzeit sei offenbar ein wichtiger Indikator für einen Lebensstil der Fettleibigkeit fördert (Salmon et al., 2006).

5. Einfluss der familiären Umwelt auf TV-Konsum und körperliche Aktivität

Intuitiv kann man vermuten, dass mehr Beschäftigung mit elektronischen Medien dazu beiträgt, dass eher sitzendes, bildschirmgebundenes Verhalten gezeigt wird. Die familiäre Umwelt könnte eine Hauptrolle in diesem Entwicklungsprozess spielen. Faktoren wie Familiencharakter, Erziehungspraktiken, Model des elterlichen Gesundheitsverhaltens, sitzende Tätigkeiten zu Hause, Geschwistereinflüsse, Fernsehgewohnheiten und

Charakteristika des Kindes sowie die Vorliebe für körperliche Aktivität oder Inaktivität können das Bewegungslevel von Kindern stark beeinflussen (Salmon, Timperio, Telford, Carver & Crawford, 2005). Diesen Zusammenhang haben Salmon et al. (2005) in einer Studie zur Beziehung zwischen der familiären Umwelt und dem Fernsehen bei Jungen und Mädchen zwischen zehn und zwölf Jahren untersucht. Sie wollten herausfinden ob die genannten Faktoren die Wahrscheinlichkeit für geringe körperliche Aktivität erhöhen.

5.1. Methoden

Alle Variablen wurden sowohl bezogen auf die Eltern als auch in Bezug auf die Kinder erfasst. Die Fragebögen erfragten:

- Vorliebe für elektronische Medien gegenüber sportlicher Aktivität
- Regeln und Verbote bezüglich des Fernsehkonsums
- Zeit die Eltern und Kind mit elektronischen Medien verbringen
- Unterstützung des Fernsehverhaltens der Kinder und geringer körperlicher Aktivität

Das Gewicht, die Größe und die körperliche Fitness wurden per Stadiometer, Waage und Accelerometer gemessen.

5.2. Ergebnisse

927 Familien nahmen an der Studie teil.

Bezüglich des TV-Konsums zeigten sich keine Geschlechtsunterschiede, jedoch wurden elektronische Spiele mehr von Jungen genutzt (Salmon et al., 2005).

Jungs bewegten sich laut Accelerometer signifikant mehr als Mädchen.

Jungs aus gehobeneren sozialen Schichten und Kinder aus Familien mit Fernsehregeln, sahen selten mehr als zwei Stunden am Tag fern. Insofern wurde in dieser Studie auch der Zusammenhang der sozialen Schicht mit dem TV-Konsum bestätigt. Menschen aus unteren sozialen Schichten sehen demnach mehr und länger fern als Personen aus gehobeneren sozialen Schichten mit hohem Bildungsgrad.

Je größer die Vorliebe für elektronische Medien gegenüber körperlicher Aktivität war umso inaktiver waren die Kinder. Wenn der TV-Konsum in der Familie überwacht wurde, war das Kind weniger wahrscheinlich inaktiv.

Es zeigte sich ein großer Einfluss des Modells der Eltern (besonders des jeweils gegengeschlechtlichen Elternteils). Je mehr die Eltern fernsahen, umso höher war auch TV – Konsum der Kinder (Salmon et al., 2005).

6. Zusammenfassung und Diskussion

Die Studien der vorliegenden Ausarbeitung sollten veranschaulichen welche Zusammenhänge zwischen dem Fernsehkonsum und Adipositas bestehen. Es sollte deutlich gemacht werden, wie vielfältig sitzendes, bildschirmgebundenes Verhalten wirken kann. Das KiGGS (Lampert et al., 2007) ergab dass dreiviertel der Jugendlichen mehr als eine Stunde und ein Viertel mehr als drei Stunden pro Tag Fern- oder Video sehen. Jungen aus Familien mit niedrigem Sozialstatus oder mit Migrationshintergrund nutzten das Fernsehen und die Spielkonsole mehr als andere Jungen. Gymnasiasten nutzten elektronische Medien in geringerem Umfang als Haupt-, Real- und Gesamtschüler (Lampert et al., 2007). Passend dazu fanden Salmon et al. (2005), dass Jungs aus gehobeneren sozialen Schichten und Kinder aus Familien mit Fernsehregeln, selten mehr als zwei Stunden am Tag fernsehen. Hier zeigt sich der schon bekannte Zusammenhang zwischen sozialer Schicht und Fernsehkonsum. Interessanterweise zeigt sich auch Adipositas deutlich häufiger in niedrigeren sozialen Schichten. Dazu passend waren Kinder und Jugendliche umso inaktiver, je mehr Zeit sie vorm Fernseher verbrachten (Lampert et al., 2007). Es ergaben sich signifikant positive Korrelationen zwischen dem TV-Konsum und Adipositas. Je mehr fern gesehen wurde, umso höher war der Anteil adipöser Jugendlicher (Lampert et al., 2007).

Robinson (1999) konnte zeigen dass eine Intervention zur Reduktion des Fernsehkonsums bei übergewichtigen und adipösen Kindern wirksam ist. Die Interventionsgruppe in seiner Studie konnte sowohl den BMI, als auch alle anderen gewichtsbezogenen Variablen reduzieren. Die Hautfaltendicke, Umfang und Verhältnis von Taille zu Hüfte und BMI konnten durch Reduktion des Fernsehkonsums signifikant gesenkt werden. Bei allen Messungen der Körperzusammensetzung zeigten sich Effekte der Intervention über die Verteilung der Adipositas – mit größeren Interventionseffekten bei mittelgradiger und starker Adipositas (Robinson, 1999). Außerdem nahmen Kinder aus der Interventionsgruppe weniger Mahlzeiten vor laufendem TV ein. Es zeigten sich keine Interventionseffekte bezüglich der körperlicher Aktivität und Leistungsfähigkeit (Robinson, 1999).

Matheson et al. (2007) zeigten, dass Kinder während des Fernsehens häufiger essen als bei anderen Aktivitäten. Zwischen 16% und 28% der Gesamtenergie wurde während des Fernsehens eingenommen. Snacks wurden insgesamt meistens vorm Fernseher verzehrt In der jüngeren Stichprobe (dritte Klasse) zeigte sich der Zusammenhang zwischen dem BMI und dem Fettkonsum während des Fernsehens innerhalb der Woche signifikant. Der BMI war in der zweiten Stichprobe allerdings nicht signifikant korreliert mit der Energiedichte und dem Fettkonsum (Matheson et al., 2007).

Salmon et al. (2006) konnten Ergebnisse vorweisen, nach denen Kinder die mehr als zwei Stunden am Tag fernsahen eher ungesunde Lebensmittel und weniger Obst essen und seltener in Vereinssport organisiert sind. Je mehr die Kinder fernsahen, umso weniger waren sie körperlich aktiv und fit (gemessen mit dem Accelerometer) (Salmon et al., 2006).

Zu den Einflüssen des familiären Umfeldes konnte gezeigt werden, dass die Vorliebe für elektronische Medien gegenüber körperlicher Aktivität das Aktivitätsniveau vorhersagen kann. Je größer die Vorliebe für elektronische Medien, umso inaktiver sind die Kinder (Salmon et al., 2005). Wenn der TV-Konsum in der Familie überwacht wird, ist das Kind weniger wahrscheinlich inaktiv. Es zeigte sich ein großer Einfluss des Modells der Eltern (besonders des jeweils gegengeschlechtlichen Elternteils). Je mehr die Eltern fernsehen, umso höher ist auch TV – Konsum der Kinder (Salmon et al., 2005).

Die Studien zeigen einen deutlichen Zusammenhang zwischen dem Fernsehkonsum und Adipositas. Offenbar bewegen sich Kinder und Jugendliche weniger, je mehr sie fernsehen. Auch scheint der TV-Konsum Einfluss darauf zu haben wie viel gegessen wird. Man könnte vermuten, dass Personen die vom Fernsehen abgelenkt sind, nicht bemerken wie viel sie essen und ob sie vielleicht bereits satt sind. Die Hand greift sozusagen automatisch nach den Chips – der Kopf ist ja abgelenkt. Bedeutsam zur Prävention erscheinen die Ergebnisse bezüglich der Bedeutung des Familiären Umfeldes, wiewohl es nicht verwunderlich ist, dass das Modell der Eltern Einfluss auf das Verhalten der Kinder hat. Doch hier wird eine Schnittstelle deutlich an der eingegriffen werden kann. Möglicherweise können Eltern durch Aufklärung über die Folgen ihres eigenen Verhaltens die Entwicklung ihres Kindes positiv beeinflussen, es vor zuviel TV-Konsum und Adipositas schützen. Jedoch ist zum Thema der Prävention noch viel Forschungsarbeit von Nöten. Vor allem ist zu bedenken, dass besonders die Eltern aus den unteren sozialen Schichten vermutlich nicht so leicht zu überzeugen sind.

Kritisch anzumerken ist, dass alle Studien mit Selbstbeurteilungsfragebögen arbeiteten. Besonders bei den Ernährungsfragebögen sind hier Fehler zu erwarten, da weder die Kinder noch die Eltern wohl nur schwer alles erinnern können, was sie im Laufe eines Tages gegessen haben. Der eine oder andere Bonbon, das Stückchen Schokolade oder Kuchen kann dabei einfach vergessen werden, was zu Verfälschungen der Ergebnisse führt. Außerdem erscheint es auch nicht besonders klug, die Eltern nach dem TV Konsum ihrer Kinder zu fragen. Es wird für sie sofern sie arbeiten schwer möglich sein, alle Freizeitaktivitäten ihres Kindes zu überwachen. Insofern wären noch einige Untersuchungen, möglichst mit anderen Methoden wünschendwert, um die Ergebnisse zu bestätigen.

Literatur:

Burdette, H.L. & Whitaker, R.C., (2005), A National Study of Neighborhood Safety, Outdoor
Play, Television Viewing, and Obesity in Preschool Children. *Official Journal Of The
American Academy Of Pediatrics*. S- 656 – 662

Hiller, W., Leibing, E., Leichsenring & Sulz, S. K. D. (2006). Lehrbuch der Psychotherapie
Band 4, Verhaltenstherapie mit Kindern, Jugendlichen und ihren Familien. Mattejat, F.
(Hrsg.). cip-medien: München

Lampert, T., Sygusch, R., Schlack, R., (2007), Nutzung elektronischer Medien im
Jungendalter. Ergebnisse des Kinder- und Jungendgesundheitssurveys.

Robinson, T.N., (1999), Reducing Children´s Television Viewing to Prevent Obesity.
American Medical Association, S.: 1561 – 1567

Matheson, D.M., Killen, J.D., Wang, Y., Varady, A., and Robinson, T.N., (2004), Children´s
food consumption during television viewing. Downloaded from   Salmon, J.,

Campbell, K.J. and Crawford, D.A. (2006), Television viewing habits wssociated
with obesity risk factors: a survey of Melbourne schoolchildren. Research, 184/2

Salmon, j., Timperio, A., Telford, A., Carver, A., Crawford, D., (2005), Association of Family
Environment with Children´s Television Viewing and with Low Level of Physical
Activity. *Obesity Research*, 13. S. 1939 - 1951